Ce livre
Appartient à

Mes objectifs durant le mois de ramadan

Prière

jeûne

Coran

Bonnes actions

Jour 1

Versets coraniques

Hadith du jour

Réflexions et inspiration

Planificateur de repas

Iftar

Diner

Suhor

Notes

Jour 2

Versets coraniques

Hadith du jour

Réflexions et inspiration

Planificateur de repas

Iftar

Diner

Suhor

Notes

Jour 3

Versets coraniques

Hadith du jour

Réflexions et inspiration

Planificateur de repas

Iftar

Diner

Suhor

Notes

Jour 4

Versets coraniques

Hadith du jour

Réflexions et inspiration

Planificateur de repas

Iftar

Diner

Suhor

Notes

Jour 5

Versets coraniques

Hadith du jour

Réflexions et inspiration

Planificateur de repas

Iftar

Diner

Suhor

Notes

Jour 6

Versets coraniques

Hadith du jour

Réflexions et inspiration

Planificateur de repas

Iftar

Diner

Suhor

Notes

Jour 7

Versets coraniques

Hadith du jour

Réflexions et inspiration

Planificateur de repas

Iftar

Diner

Suhor

Notes

Jour 8

Versets coraniques

Hadith du jour

Réflexions et inspiration

Planificateur de repas

Iftar

Diner

Suhor

Notes

Jour 9

Versets coraniques

Hadith du jour

Réflexions et inspiration

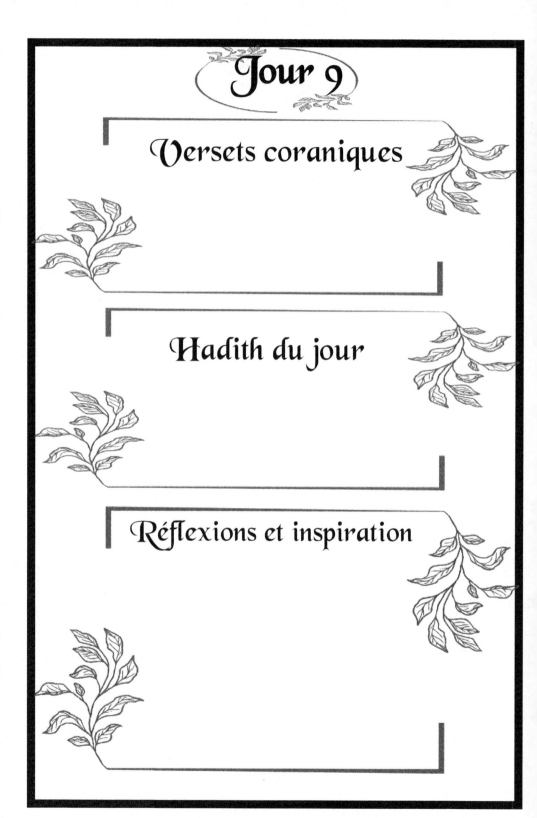

Planificateur de repas

Iftar

Diner

Suhor

Notes

Jour 10

Versets coraniques

Hadith du jour

Réflexions et inspiration

Planificateur de repas

Iftar

Diner

Suhor

Notes

Jour 11

Versets coraniques

Hadith du jour

Réflexions et inspiration

Planificateur de repas

Iftar

Diner

Suhor

Notes

Jour 12

Versets coraniques

Hadith du jour

Réflexions et inspiration

Planificateur de repas

Iftar

Diner

Suhor

Notes

Jour 13

Versets coraniques

Hadith du jour

Réflexions et inspiration

Planificateur de repas

Iftar

Diner

Suhor

Notes

Jour 14

Versets coraniques

Hadith du jour

Réflexions et inspiration

Planificateur de repas

Iftar

Diner

Suhor

Notes

Jour 15

Versets coraniques

Hadith du jour

Réflexions et inspiration

Planificateur de repas

Iftar

Diner

Suhor

Notes

Jour 16

Versets coraniques

Hadith du jour

Réflexions et inspiration

Planificateur de repas

Iftar

Diner

Suhor

Notes

Jour 17

Versets coraniques

Hadith du jour

Réflexions et inspiration

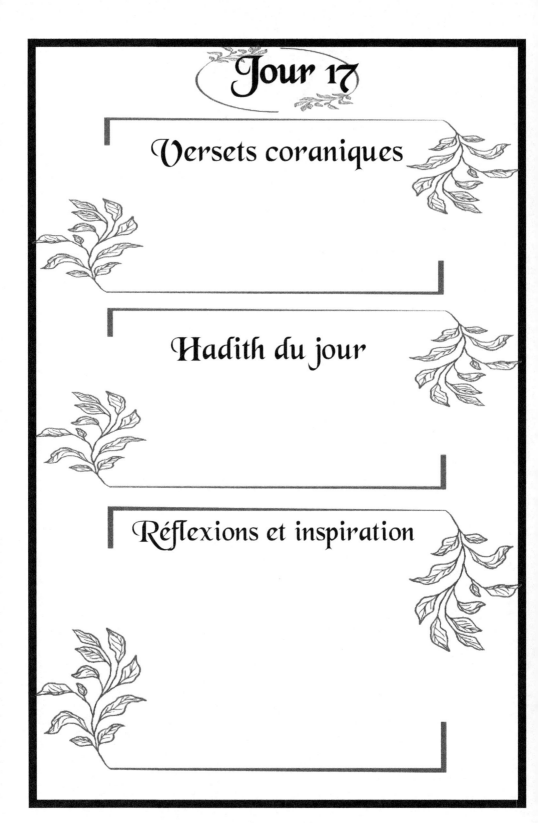

Planificateur de repas

Iftar

Diner

Suhor

Notes

Jour 18

Versets coraniques

Hadith du jour

Réflexions et inspiration

Planificateur de repas

Iftar

Diner

Suhor

Notes

Jour 19

Versets coraniques

Hadith du jour

Réflexions et inspiration

Planificateur de repas

Iftar

Diner

Suhor

Notes

Jour 20

Versets coraniques

Hadith du jour

Réflexions et inspiration

Planificateur de repas

Iftar

Diner

Suhor

Notes

Jour 21

Versets coraniques

Hadith du jour

Réflexions et inspiration

Planificateur de repas

Iftar

Diner

Suhor

Notes

Jour 22

Versets coraniques

Hadith du jour

Réflexions et inspiration

Planificateur de repas

Iftar

Diner

Suhor

Notes

Jour 23

Versets coraniques

Hadith du jour

Réflexions et inspiration

Planificateur de repas

Iftar

Diner

Suhor

Notes

Jour 24

Versets coraniques

Hadith du jour

Réflexions et inspiration

Planificateur de repas

Iftar

Diner

Suhor

Notes

Jour 25

Versets coraniques

Hadith du jour

Réflexions et inspiration

Planificateur de repas

Iftar

Diner

Suhor

Notes

Jour 26

Versets coraniques

Hadith du jour

Réflexions et inspiration

Planificateur de repas

Iftar

Diner

Suhor

Notes

Jour 27

Versets coraniques

Hadith du jour

Réflexions et inspiration

Planificateur de repas

Iftar

Diner

Suhor

Notes

Jour 28

Versets coraniques

Hadith du jour

Réflexions et inspiration

Planificateur de repas

Iftar

Diner

Suhor

Notes

Jour 29

Versets coraniques

Hadith du jour

Réflexions et inspiration

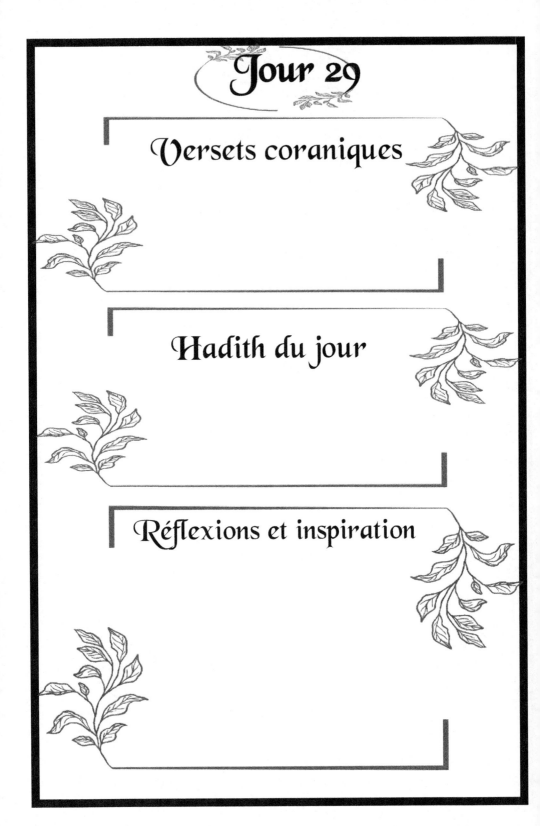

Planificateur de repas

Iftar

Diner

Suhor

Notes

Jour 30

Versets coraniques

Hadith du jour

Réflexions et inspiration

Planificateur de repas

Iftar

Diner

Suhor

Notes

Le / /

Le   /   /

Le   /   /

Le   /   /

Le   /   /

Le   /   /

Le / /

Printed by Amazon Italia Logistica S.r.l.
Torrazza Piemonte (TO), Italy

57539492R00057